DIE REIHE
Archivbilder

SCHOTT IN JENA

1884 BIS 1949

Junger Glasschmelzer im Jenaer Glaswerk Schott & Gen. um 1935; Fotografie von Albert Renger-Patzsch.

DIE REIHE
Archivbilder

SCHOTT IN JENA

1884 BIS 1949

Tilde Bayer, Uta Hoff, Wolfgang Meyer

SUTTON
VERLAG

Sutton Verlag GmbH
Hochheimer Straße 59
99094 Erfurt
www.suttonverlag.de

Copyright © Sutton Verlag, 2003

ISBN 978-3-89702-570-7

Druck: Books on Demand GmbH, Norderstedt, Deutschland

Die von Wilhelm Wagenfeld entworfene Teekanne aus dem Jahr 1932 – ein Klassiker aus der Produktion des Jenaer Glaswerks Schott & Gen. – wird heute wieder hergestellt; Fotografie von Louis Held.

Inhaltsverzeichnis

Bildnachweis

Einleitung

Am 1. September 2004 feiert SCHOTT am Standort Jena sein 120-jähriges Bestehen.

Als Otto Schott im Jahre 1884 gemeinsam mit Ernst Abbe sowie Carl und Roderich Zeiss in Jena eine Glashütte, das Glastechnische Laboratorium Schott & Gen. gründete, war nicht vorauszusehen, dass daraus innerhalb weniger Jahrzehnte ein Industrieunternehmen von Weltgeltung, das Jenaer Glaswerk Schott & Gen., entstehen würde. Zunächst auf die Schmelze von optischen Gläsern und Thermometerglas beschränkt, weitete das Unternehmen seine Produktpalette dank der Erfindung des hitzebeständigen Borosilicatglases rasch aus. Der Einsatz neuer Technologien trug zur Steigerung der Produktivität bei, Glas aus Jena wurde zum Markenzeichen. Bei seinem Rückzug aus dem aktiven Geschäft im Jahr 1926 konnte Otto Schott auf ein beeindruckendes Lebenswerk zurückblicken: Innerhalb von vier Jahrzehnten hatte sich das Jenaer Glaswerk Schott & Gen. zu einer stattlichen Industrieansiedlung mit zirka 1.500 Mitarbeitern entwickelt. Um die Beschäftigten an dem wirtschaftlichen Erfolg der beiden Unternehmen Zeiss und Schott partizipieren zu lassen, hatte Ernst Abbe 1889 die Carl-Zeiss-Stiftung ins Leben gerufen, die im Jahre 1919 alleinige Eigentümerin der beiden Schwesterfirmen wurde. Zu diesem Zeitpunkt verzichtete Otto Schott auf sein Eigentum und brachte seine Geschäftsanteile in die Stiftung ein. Sein Sohn Erich Schott, von der Stiftungsverwaltung in die Geschäftsführung des Betriebes berufen, setzte das Lebenswerk des Vaters fort. Unter seiner Leitung expandierte das Jenaer Glaswerk Schott & Gen. durch den Erwerb weiterer Firmen. Erich Schott band Künstler des Bauhauses Weimar an das Unternehmen und prägte dadurch entscheidend das äußere Erscheinungsbild der in Jena hergestellten Produkte.

Das Ende des Zweiten Weltkrieges brachte schmerzhafte Einschnitte für das Unternehmen: Deportation führender Glasfachleute, Demontage des Werkes sowie Enteignung und Umwandlung in einen volkseigenen Betrieb waren die Folge. Mit der Gründung der beiden deutschen Staaten im Jahr 1949 schien die deutsche Teilung endgültig besiegelt zu sein. Für die unter Zwang in den Westen Deutschlands gebrachten „41 Glasmacher" mit Erich Schott an ihrer Spitze zerschlugen sich die Hoffnungen auf eine Rückkehr nach Jena auf unbestimmte Zeit. Mit der feierlichen Eröffnung eines modernen Jenaer Glaswerks am Standort Mainz (1952) wurde ein neues Kapitel in der Schott-Geschichte aufgeschlagen.

Der vorliegende Band zeichnet den Aufstieg des Unternehmens vom Glastechnischen Laboratorium zum Weltunternehmen anhand einer Auswahl der schönsten fotografischen Motive aus den ersten Jahrzehnten (1884 bis 1949) am Standort Jena nach. Von Anfang an begleitete die noch junge Fotografie die Entwicklung des Unternehmens. Bis zu Beginn des 20. Jahrhunderts dominieren Fotografien von Gebäuden und Gruppenbilder. Eine Sammlung großformatiger Gruppenbilder der einzelnen Betriebsabteilungen – Auftragsarbeiten verschiedener privater

Jenaer Fotoateliers – entstand zum 25-jährigen Jubiläum im Jahr 1909. Die Abgebildeten zeigen sich in ihrem Arbeitsumfeld, wobei die Arbeit noch nicht dargestellt, allenfalls durch mitgebrachte Werkzeuge angedeutet wird.

Seit den Zwanzigerjahren rückt die Arbeitswelt in den Mittelpunkt der Fotografien: Die eigentliche Arbeit in der Hütte und an den Schmelzöfen wird darstellungswürdig. Die Glasmacher beherrschen die Szenerie, hoch konzentriert verrichten sie spezialisierte und qualifizierte körperliche Schwerstarbeit. Hervorzuheben sind hier insbesondere die um 1935 entstandenen Arbeiten des Industriefotografen Albert Renger-Patzsch.

Eine eigene Werksfotografie wird im Zusammenhang mit der Dokumentation und Erforschung technologischer Prozesse begründet, hinzu kommt die Erstellung von Abbildungen für Kataloge und Prospekte sowie Dokumentationen im Personal-, Sozial- und Baubereich. Reine Werbeaufnahmen werden seit den Dreißigerjahren zunehmend von professionellen Fotoateliers, z.B. dem Weimarer Louis Held übernommen. Die Gleichschaltung des öffentlichen Lebens, die auch die Wirtschaft einschloss, spiegelt sich in der Werksfotografie nach 1933 wider, die politische Inszenierung der Arbeit erreichte ihren Höhepunkt. Nach 1945 führte die Fotoabteilung des Unternehmens ihre Aufgaben in den oben skizzierten Bereichen fort, wobei ihr zunächst die traurige Pflicht der Dokumentation kriegs- und demontagebedingter Zerstörungen des Werkes oblag.

Für den vorliegenden Band konnte auf eine umfangreiche Fotosammlung zurückgegriffen werden, die heute im Unternehmensarchiv der SCHOTT Jenaer Glas GmbH aufbewahrt wird. Die Autoren danken den Mitarbeiterinnen des Archivs Dr. Ute Leonhardt und Anke Probst, die uns bei der Entstehung des Buches tatkräftig unterstützt haben.

1

Die Menschen

Otto Schott (Bildmitte) im Kreis der Belegschaft – vom Glasmacher bis zum Hüttenjungen – im Jahr 1894. In dem zehn Jahre zuvor gegründeten Glastechnischen Laboratorium Schott & Gen. arbeiteten zu diesem Zeitpunkt rund 50 Mitarbeiter, im Jahr 1899 waren es bereits 354 Personen und zu Beginn des 20. Jahrhunderts beschäftigte das Jenaer Glaswerk über 1.000 Personen.

Dr. Otto Schott (1851-1935), um 1883/84. Von Kindesbeinen an mit Glas vertraut, studierte der Sohn eines Glashüttenbesitzers aus Witten (Westfalen) an den Universitäten Aachen und Leipzig Chemie und wurde mit einem glaschemischen Thema an der Universität Jena zum Dr. phil. promoviert.

Prof. Dr. Ernst Abbe (1840-1905). Der Physiker lehrte an der Universität Jena. Er gründete gemeinsam mit Otto Schott sowie Carl und Roderich Zeiss im Jahr 1884 in Jena das Glastechnische Laboratorium Schott & Gen.

Carl Zeiss (1816-1888), Gründer der Optischen Werkstätte Carl Zeiss in Jena, die sich durch die Zusammenarbeit mit Ernst Abbe zum weltweit führenden Unternehmen des optischen Gerätebaus entwickelte.

Die erste Glashütte im Jahre 1889. Das Unternehmen lag oberhalb des heutigen Westbahnhofs und in damals deutlicher Entfernung zur Stadt.

Im Jahr 1909 feierte das Unternehmen sein 25-jähriges Bestehen. Aus diesem Anlass wurden alle Abteilungen, zum Teil mit typischen Produkten und Werkzeugen, fotografiert. Hier ist die Gruppe der Angestellten, der sogenannten „Betriebsbeamten" zu sehen. Fotografie von Emil Tesch, 1909.

Dr. Rudolf Klett (1860-1944) zählte zu den ersten Weggefährten Otto Schotts. Von 1888 bis zu seinem Ausscheiden im Jahr 1933 war er für die Firma als kaufmännischer Angestellter und Prokurist tätig.

Dr. Eberhard Zschimmer (1873-1940) war von 1915 bis 1919 als wissenschaftlicher Geschäftsführer im Unternehmen tätig.

Der im Jahr 1911 in die Firma eingetretene Oberingenieur Richard Hirsch (1882-1959) führte wichtige technische Neuerungen, z.B. im Bereich des Wannenbaus ein. Er gehörte zu den „41 Glasmachern", die von den Amerikanern im Jahr 1945 deportiert wurden; Fotografie von Alfred Bischoff.

13

Als Verlobte lassen grüßen: Dr. Otto Schott und Käthe Pielke im Jahr 1885. Otto Schott hatte die aus Dessau stammende Tochter eines Kammersängers bei einer Familienfeier kennengelernt und 1885 geheiratet.

Wie die Orgelpfeifen: Otto und Käthe Schott mit ihren Kindern Daniela, Erich, Rolf, Eva und Gerhart (von links nach rechts) um 1896 im Hausgarten, im Hintergrund ist der Schornstein der Hütte zu erkennen.

„Ein schöner Rücken kann auch entzücken." – Otto Schotts Humor war sprichwörtlich.

Käthe Schott (1862-1926) war
eine temperamentvolle und ener-
giegeladene Frau, die in jeder
Situation das Heft fest in der
Hand hielt. Ihr plötzlicher Tod
war für Otto Schott ein schwerer
Schicksalsschlag.

Am 5. Juli 1910 feierte eine heitere Gesellschaft von Freunden und Verwandten in Schwarz-
burg die silberne Hochzeit von Otto und Käthe Schott.

Nach dem Vorbild eines griechischen Tempels ließ sich Otto Schott im Jahr 1889 in unmittelbarer Nachbarschaft zur Glashütte ein repräsentatives Wohnhaus errichten. Von 1949 bis 1988 beherbergte das Haus eine werkseigene Kindereinrichtung; heute ist die Schott Villa als Museum öffentlich zugänglich.

Die Aufnahme aus dem Jahr 1935 zeigt die Sofaecke im Wohnzimmer der Familie mit Durchblick in das private Arbeitszimmer von Otto Schott. Gemälde und Antiken aus Otto Schotts Kunstsammlung vervollständigen das gründerzeitliche Interieur der Villa.

Dr. Otto Schott mit seinen Söhnen Erich und Gerhart im Jahr 1922. Erich Schott (rechts) trat am 1. Januar 1927 in die Geschäftsleitung des Jenaer Glaswerks Schott & Gen. ein, Gerhart

Schott (Mitte) war lange Zeit bei der DESAG (Deutsche Spiegelglas AG) in Grünenplan tätig.

„In der Zilhütte I"; Fotografie von Emil Tesch, 1909.

„In der Zilhütte III"; Fotografie von Emil Tesch, 1909.

„Geräteglashütte und Absprengerei"; Fotografie von Emil Tesch, 1909.

„Rohrhütte mit Aussucherei und Packerei"; Fotografie von Gustav Kerp, 1909.

„Zylinder- und Gerätepackerei"; Fotografie von Emil Tesch, 1909.

„Zylinderhaus"; Foto aus dem Jahre 1909.

„Glasbläserei"; Fotografie von Alfred Bischoff, 1909.

„Mühle, Hafen- und Steinmacherei Einsetzpersonal"; Fotografie von Alfred Bischoff, 1909.

„Chemische Fabrik und Gemengehaus"; Fotografie von Alfred Bischoff, 1909.

„Optische Abteilung"; Fotografie von Gustav Kerp, 1909.

„Elektrische Bahn und Ladepersonal"; Foto aus dem Jahre 1909.

„Elektrische Abteilung"; Fotografie von Emil Tesch, 1909.

Diese Aufnahme der Belegschaft entstand am 21. September 1934 anlässlich der 25.000. optischen Schmelze. Die politischen Veränderungen nach 1933 machten auch vor den Werktoren des Jenaer Glaswerks Schott & Gen. nicht Halt. Die Hakenkreuze auf den Fahnen wurden nachträglich geschwärzt.

Eingebunden in das nationalsozialistische Wirtschaftssystem, musste das Unternehmen den stetig steigenden Bedarf optischer Gläser für militärische Zwecke sichern. Um dem Arbeitskräftemangel nach Ausbruch des Zweiten Weltkrieges zu begegnen, wurden auch Zwangsarbeiter beschäftigt.

Der Bauhauslehrer Gerhard Marcks (1889-1981) entwickelte 1925 die „Sintrax-Kaffeemaschine" als ein haushaltstaugliches Laborgerät, das den technischen Vorgang der Kaffeezubereitung transparent machte.

Der bedeutende Formgestalter Wilhelm Wagenfeld (1900-1990), seit 1926 am Bauhaus in Weimar tätig, arbeitete zwischen 1930 und 1934 für das Jenaer Glaswerk Schott & Gen. und prägte maßgeblich die Produkte des Bereiches Hauswirtschaftsglas.

Laszlo Moholy-Nagy (1895-1946) lehrte von 1923 bis 1928 am Bauhaus Weimar. Seine typografischen Entwürfe und Fotografien bestimmten das Werbedesign des Jenaer Glaswerks Schott & Gen. seit den Zwanzigerjahren.

Der im Jenaer Glaswerk als wissenschaftlicher Mitarbeiter tätige Dr. Edwin Berger (1890-1945) leitete ab 1918 die Optische Abteilung. Im Juni 1945 gehörte er zum „Zug der 41 Glasmacher", die von den amerikanischen Besatzungstruppen in den Westen Deutschlands gebracht wurden.

Der wissenschaftliche Mitarbeiter Dr. Paul H. Prausnitz (1886-1962) war maßgeblich an der Entwicklung der Glasfiltergeräte beteiligt, die ab 1924 auf den Markt kamen. Er gehörte ebenfalls zum „Zug der 41 Glasmacher".

Prof. Dr. Hans Knöll (1913-1978) begann 1938 als wissenschaftlicher Mitarbeiter im Filter- und Glasgeräte-Entwicklungslabor des Jenaer Glaswerks Schott & Gen. Seine dort im Jahre 1943 begonnene Arbeit auf dem Gebiet der Penicillinforschung führte neben Zeiss und Schott zur Gründung des dritten Jenaer Großbetriebs „Jenapharm".

Dr. Erich Schott (1891-1989) trat 1927 in die Geschäftsführung des von seinem Vater gegründeten Unternehmens ein. Im Jahr 1945 gehörte er zu den „41 Glasmachern", die in die amerikanische Besatzungszone deportiert wurden. In Mainz – Sitz des heutigen SCHOTT Konzerns – errichtete er ein modernes Werk, das am 10. Mai 1952 offiziell in Betrieb genommen wurde; Fotografie von Albert Renger-Patzsch.

2

Technologie

Einsetzen eines Hafens mit dem „Teufel": Geschmolzen wurden Geräte-, Rohr- und Optisches Glas in Gefäßen aus Ton – dem Tonhafen – der mit einem schweren Gerät, dem Teufel, in den heißen Ofen gesetzt wurde. Zu Beginn des 20. Jahrhunderts löste die kontinuierliche Schmelze in Wannenöfen dieses Verfahren allmählich ab. Der Einsatz moderner Technologien zur Herstellung von Spezialgläsern ist Teil der Erfolgsgeschichte von Schott. Die Darstellung entstammt einer um 1914 entstandenen Postkartenserie mit Motiven aus dem Jenaer Glaswerk Schott & Gen.

Das Gemenge, ein Gemisch von Glasrohstoffen, wurde mit einer Schaufel nach und nach in den Tonhafen eingelegt; Postkartenserie.

„Ist das Glas blank?" – Dem Geschick des Schmelzers war es überlassen, das Gemenge ohne Rückstände zu einer glasigen Flüssigkeit einzuschmelzen. Bis es soweit war, musste man sich in Geduld üben; Postkartenserie.

Aufnehmen von Glas aus dem Hafen: Mit einer Glasmacherpfeife nahm der Glasmacher das geschmolzene Glas aus dem Tonhafen auf und verarbeitete es zu den unterschiedlichsten Produkten; Postkartenserie.

Hafenmacher bei der Arbeit: Stück für Stück wurde das Gemisch von rohem und gebranntem Ton in hölzernen Formen vom Boden aufwärts geschlagen. Nach dem Erreichen der gewünsch-

ten Form mussten die Tonhäfen an der Luft langsam getrocknet und dann in besonderen Öfen gebrannt werden; Fotografie von Albert Renger-Patzsch.

Der Transport glühender Tonhäfen war eine regelrechte „Himmelfahrt": Um diese vor dem Abkühlen zu schützen, wurde eine große Kiste über den Hafen gestülpt, anschließend ein Gemisch aus Holzwolle und Spänen hineingefüllt und angezündet. Die brennende Kiste wurde auf diese Weise von Hütte zu Hütte transportiert; Postkartenserie.

Nach dem langsamen Abkühlen des Tonhafens zersprang optisches Rohglas in zahllose Stücke. Gute Stücke, d.h. ohne sichtbare Blasen, Schlieren und Steine wurden mit schwerem Hammer und Meisel zurechtgeschlagen; Postkartenserie.

Um die Qualität optischer Gläser vor der Auslieferung sorgfältig kontrollieren zu können, schliff man die viereckigen Platten an zwei gegenüberliegenden Kanten und polierte sie; Postkartenserie.

Die geschliffenen und polierten Platten wurden nochmals auf Blasen, Schlieren und Spannungen geprüft; Postkartenserie.

Eine moderne Herstellungsform Optischen Glases war das Ausgießen des Tonhafens in eine große

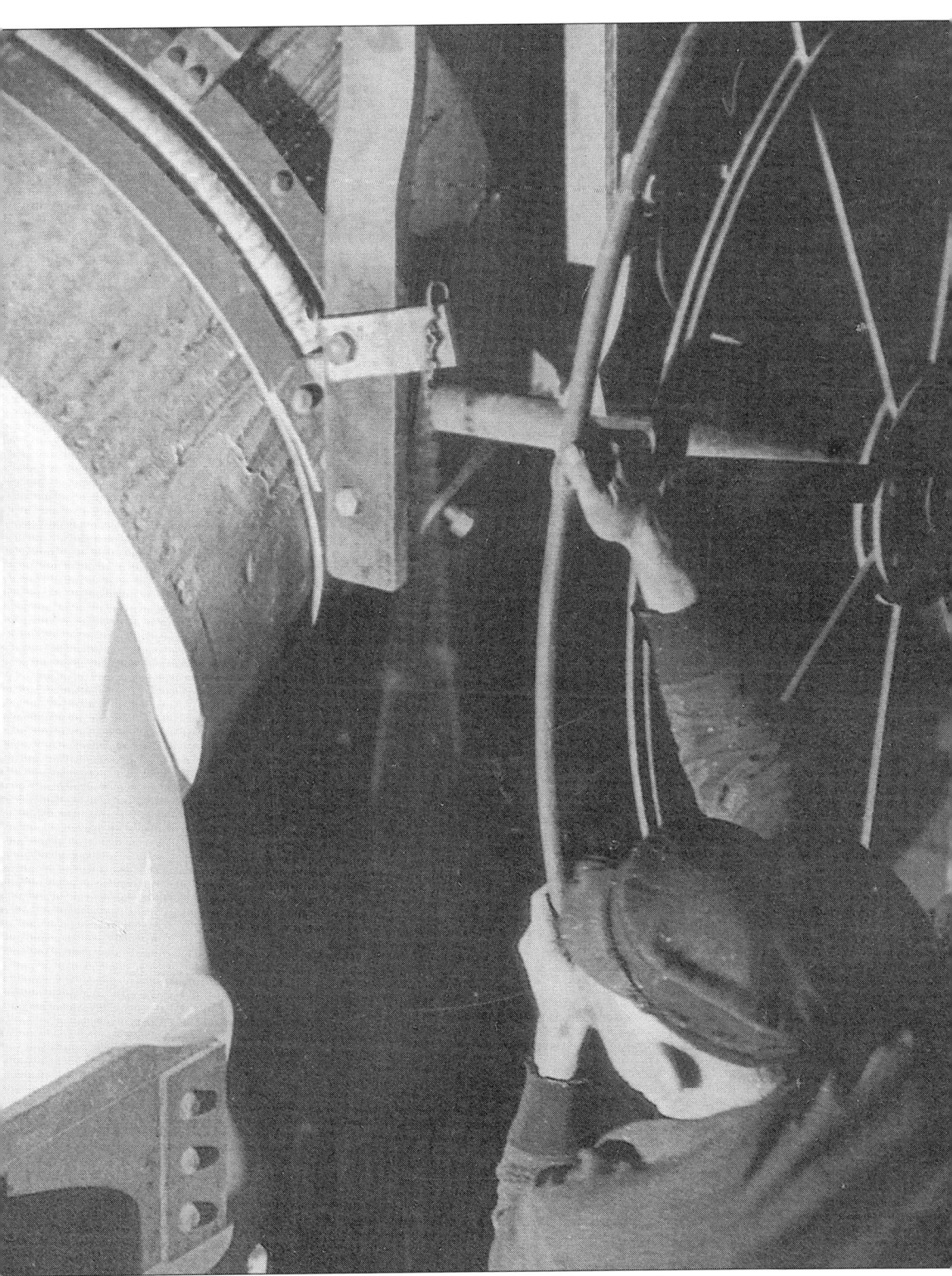

Form. Diesen Moment zeigt Albert Renger-Patzsch in seiner Fotografie.

Bis zum Jahr 1911 erfolgte die Glasschmelze in Tonhäfen. Das Gemenge wurde eingelegt, geschmolzen und weiterverarbeitet. Auf Grund der hohen Temperaturen hielten die Tonhäfen in der Regel nur 20 bis 30 Schmelzen stand und mussten dann erneuert werden.

Die Entwicklung der Glasschmelzwannen um 1911 durch Richard Hirsch brachte einen erheblichen technologischen Fortschritt: Durch dieses kontinuierliche Verfahren konnten Glasmacher jederzeit Glas entnehmen und die massenhafte Produktion von Beleuchtungs- und Laborgläsern war damit möglich.

Zylinderglasmacher fertigten in körperlich schwerer Arbeit das zeitweise bedeutendste Produkt –
Beleuchtungsglas.

Im Gemengehaus wurden je nach Glasart die einzelnen Rohstoffe (Sand, Tonerde, Borax, Soda, Pottasche, Kalk u.a.) abgewogen und gemischt; Fotografie von Albert Renger-Patzsch.

Um in der Glasschmelzwanne kontinuierlich schmelzen zu können, mussten regelmäßig Gemenge und Scherben von Hand eingelegt werden; Fotografie von Albert Renger-Patzsch.

Der Glasmacher stellt – nachdem er mit der Glasmacherpfeife am anderen Ende der Glasschmelzwanne etwas Glas entnommen hat – einen Rundkolben her; Fotografie von Albert Renger-Patzsch.

Präzisionsarbeit: Jeder Schamottestein muss sitzen – Ofenmaurer beim Bau einer Glasschmelzwanne; Foto um 1936.

Die Fotografie von Albert Renger-Patzsch vermittelt einen Eindruck vom regen Treiben auf der
Arbeitsbühne der Glasschmelzwanne.

Der Lehrling legt letzte Hand an, bevor der große Kolben von der Glasmacherpfeife abgeschlagen werden kann. Junge Glasarbeiter traten nicht selten im Alter von 14 Jahren in das Unternehmen ein, durchliefen viele Bereiche der Hütte und erwarben sich auf diese Weise ihre Fertigkeiten in der Kunst des Glasmachens; Fotografie von Albert Renger-Patzsch.

Glasformen, insbesondere Backschüsseln, wurden im Jenaer Glaswerk Schott & Gen. seit 1922 von Hand gepresst; Fotografie von Albert Renger-Patzsch.

Alle Produkte durchlaufen einen Kühlprozess. Dadurch werden vorhandene Spannungen abge-

baut; Fotografie von Albert Renger-Patzsch.

Bis 1923 zog man Rohre ausschließlich von Hand. Zunächst bereitete der Postenmacher sorgfältig eine dafür vorgesehene Menge Glas, den Posten; Fotografie von Albert Renger-Patzsch.

Posten und Stempel werden miteinander verbunden und durch stetes Einblasen von Luft der Innendurchmesser des Rohres festgelegt; Fotografie von Albert Renger-Patzsch.

Durch Ziehen, d.h. Auseinanderlaufen der beiden Rohrzieher, wird der Außendurchmesser des fertigen Rohres beeinflusst; Fotografie von Albert Renger-Patzsch.

Ab geht die Post, das Rohr wird auf einer langen Bahn gezogen. Geschickte Handrohrzieher verstanden es, Rohre von bis zu 200 Metern Länge herzustellen.

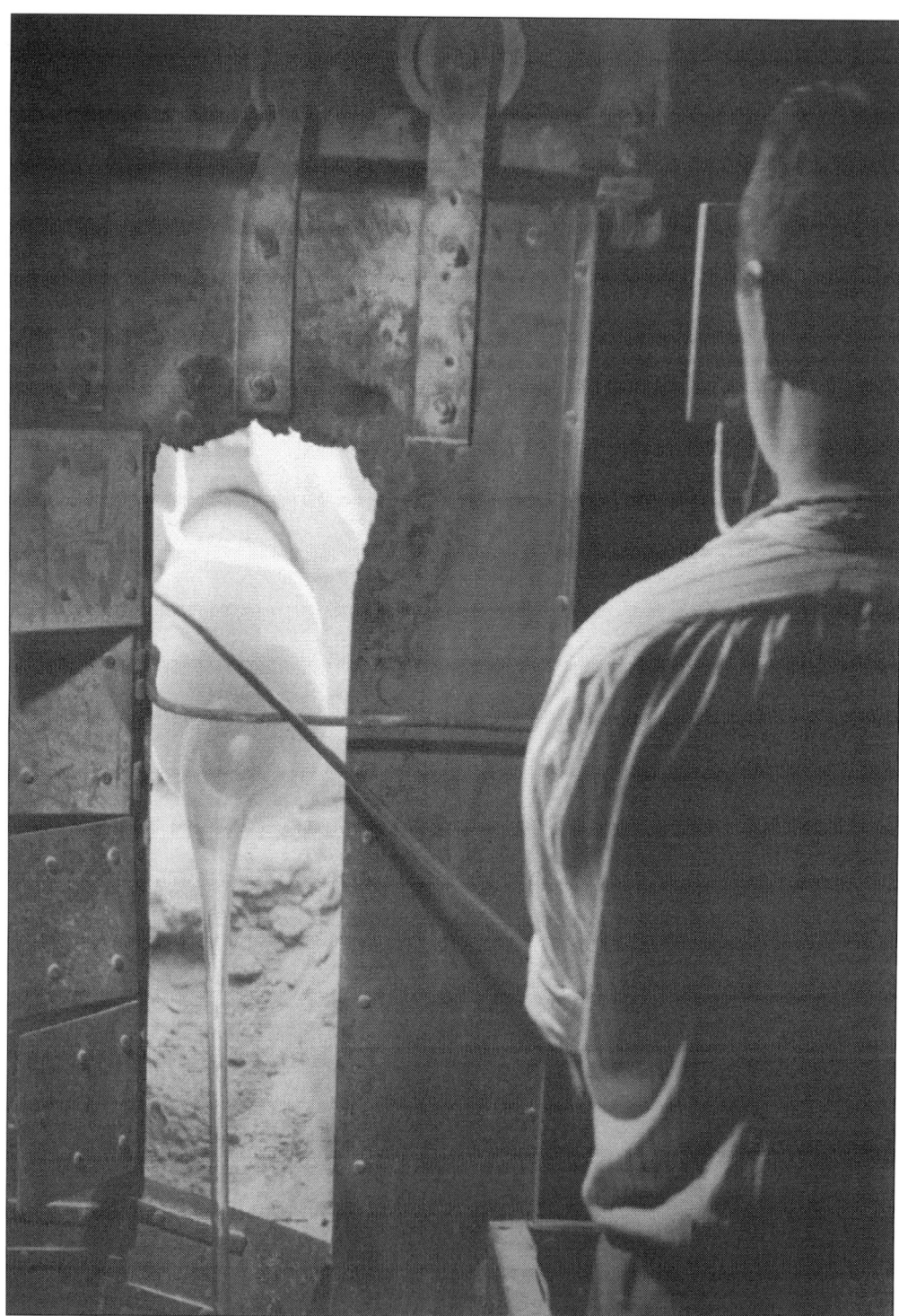

Ab 1923 konnten Rohre in einem automatisierten Verfahren gezogen werden. Von einer rotie-
renden Pfeife mit Luftzufuhr – Verfahren nach Danner – wurde mittels einer Maschine das
Glasrohr abgezogen; Fotografie von Albert Renger-Patzsch.

Die fertigen Rohre werden am Ende der Ziehmaschine auf die gewünschte Länge geschnitten und abgenommen; Fotografie von Albert Renger-Patzsch.

Zu Bündeln verpackt warten die Rohre auf ihre Weiterverarbeitung zu den vielseitigsten Produkten (Thermometer, Laborgeräte u.a.); Fotografie von Albert Renger-Patzsch.

Eine Qualitätskontrolle – Messen und Wiegen – ist auch bei den Rohren erforderlich; Fotografie von Albert Renger-Patzsch.

3

Produkte

Die berühmte Teekanne nach einem Entwurf von Wilhelm Wagenfeld entsteht: Bis auf den heutigen Tag setzen die Glasmacher die Schnepfe in Einzelfertigung von Hand an. Zu den wichtigsten Produkten von Schott zählten bis zum Jahr 1949 Optische Gläser, Glasrohre, insbesondere Thermometerglas, Laborglas, Hauswirtschaftsglas und Technische Anlagen; Fotografie von Albert Renger-Patzsch.

JENAER GLAS
FÜR DiE OPTIK

GLASWERK
SCHOTT & GEN. JENA
1913

MIT UNTERSTÜTZUNG DER KGL. PREUSS. STAATSREGIERUNG
GEGRÜNDET 1884

Die Produktion Optischer Gläser begleitet das Unternehmen seit seiner Gründung im Jahr 1884. Erich Kuithan gestaltete das Titelblatt des Kataloges mit stilisierten optischen Linsen in zurückhaltender Eleganz des Jugendstils.

Geräteglas für Laborzwecke stellte eine wichtige Produktgruppe dar: Die Fotografie von Albert Renger-Patzsch hält den Moment fest, in dem mit geschultem Auge der Eichstrich von Messkolben überprüft wird.

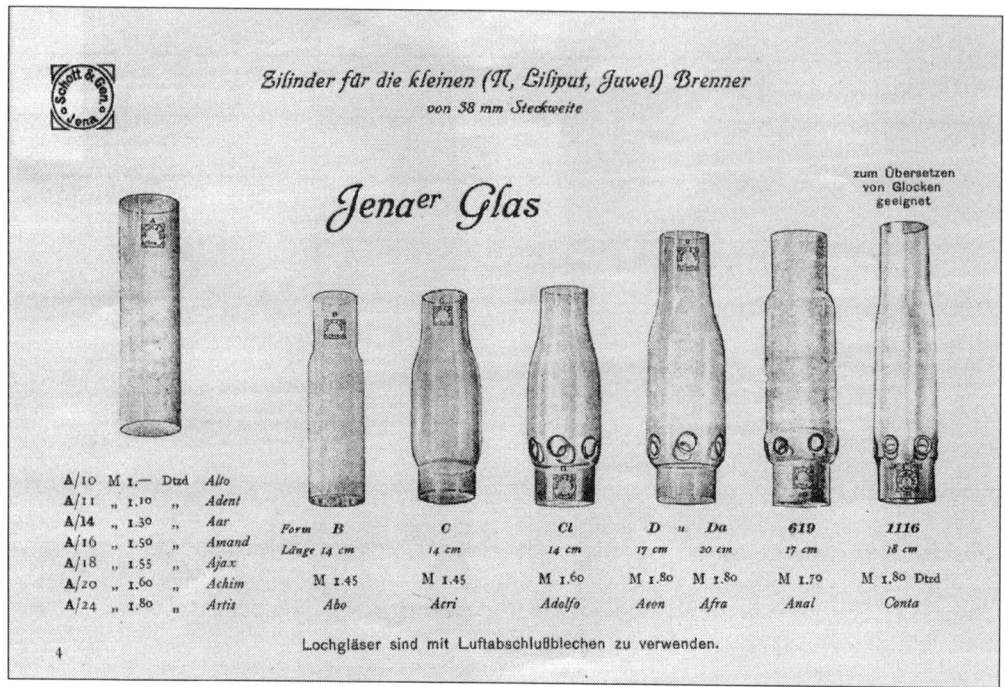

Die massenhafte Produktion hitzebeständiger Beleuchtungsgläser aus Borosilicatglas begründete den wirtschaftlichen Erfolg des Jenaer Glaswerks. Die hier abgebildete Seite eines Prospekts um 1900 vermittelt einen Eindruck der vielfältigen Gasglühlichtzylinder-Typen.

Liebevoll arrangierte Produktschau mit optischem Glas, Gasglühlichtzylindern und Lampenschirmen um 1913/14. Bis zum Ersten Weltkrieg war Beleuchtungsglas das Hauptgeschäft des Unternehmens.

Die Gestaltung der Beleuchtungsgläser passte sich in Form und Dekor auch dem jeweiligen Zeitgeschmack an. Hier einige Beispiele mit weiterentwickelten Motiven des floralen Jugendstils, entnommen einem Prospekt um 1913/14.

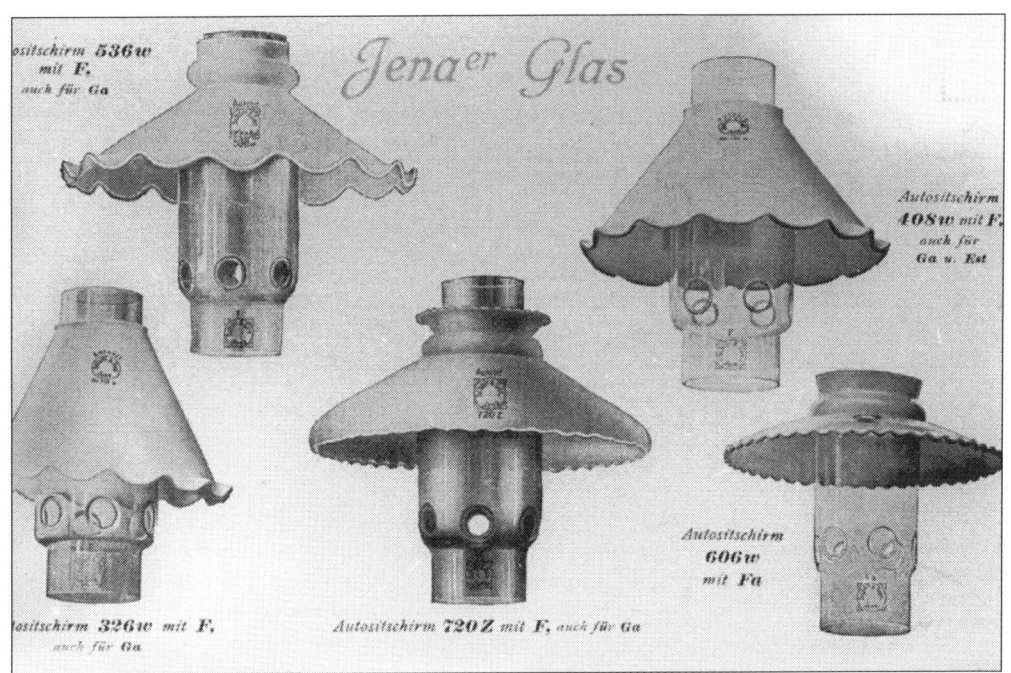

Hängeschirme, so genannte Autositschirme für Lochzylinder schützen das Auge vor direkter Lichteinwirkung; Foto um 1910.

Die Jenaer Glaszylinder trotzten jedem Wetter und wurden deshalb auch gerne zur Außenbeleuchtung eingesetzt. Petromax-Lampe 1930 (links) und Gaslampe für die Straßenbeleuchtung 1934 (rechts).

Auch Hausnummernbeleuchtung aus Jenaer Milchglas im Stil der Neuen Sachlichkeit fand Aufnahme in die reichhaltige Produktpalette; Foto 1935.

Tanken mit Jenaer Glas an der Zapfsäule beim Kohlenhändler Hoffmann in der Saalbahnhofstraße, um 1927. Das Benzin wurde von Hand aus dem Tank in geeichte Glaszylinder gepumpt und lief anschließend durch den Schlauch in den Autotank.

Stia-Zähler für Privathaushalte und Großverbraucher zur Verbrauchsmessung von Gleichstrom stellte das Unternehmen ab 1908 her, Fotocollage 1931.

Blick in den Bereich „Zusammenbau Stia-Zähler". In dieser Abteilung, in der die Geräte zur Messung von Gleichstrom montiert wurden, waren auch zahlreiche Frauen beschäftigt; Postkartenserie, um 1914.

Dampfgleichrichter wurden im Jenaer Glaswerk seit Anfang des 20. Jahrhunderts in großen Mengen gefertigt. Der Quecksilberdampf im Gleichrichter wirkt dabei als Sperre für eine Polarität des Wechselstroms. Diese Eigenschaft nutzte man zur Gleichstromversorgung u.a. von Straßen- und Grubenbahnen; Fotografie von Albert Renger-Patzsch.

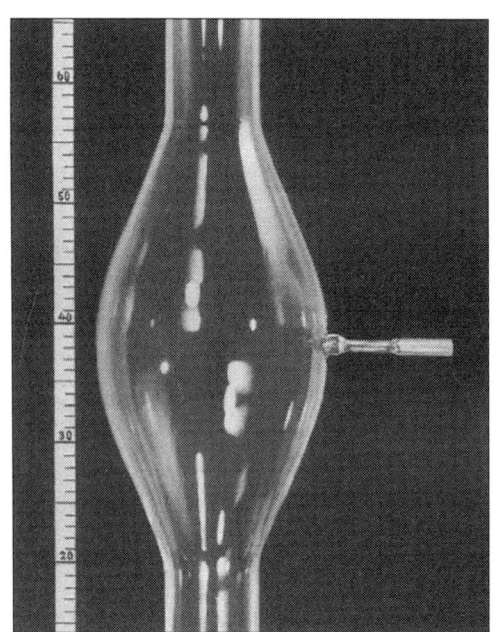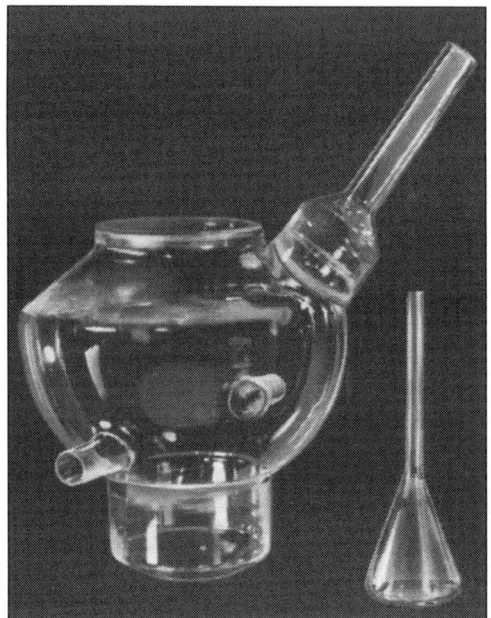

Jenaer Sondergläser umfassten eine Vielzahl spezieller Produkte, wie z.B. Röntgen- (links) oder Fernsehkolben (rechts); Prospekt zirka 1935.

Hergestellt wurden diese Geräte in mehreren, über das Werksgelände verteilten Glasbläsereien; Foto um 1925.

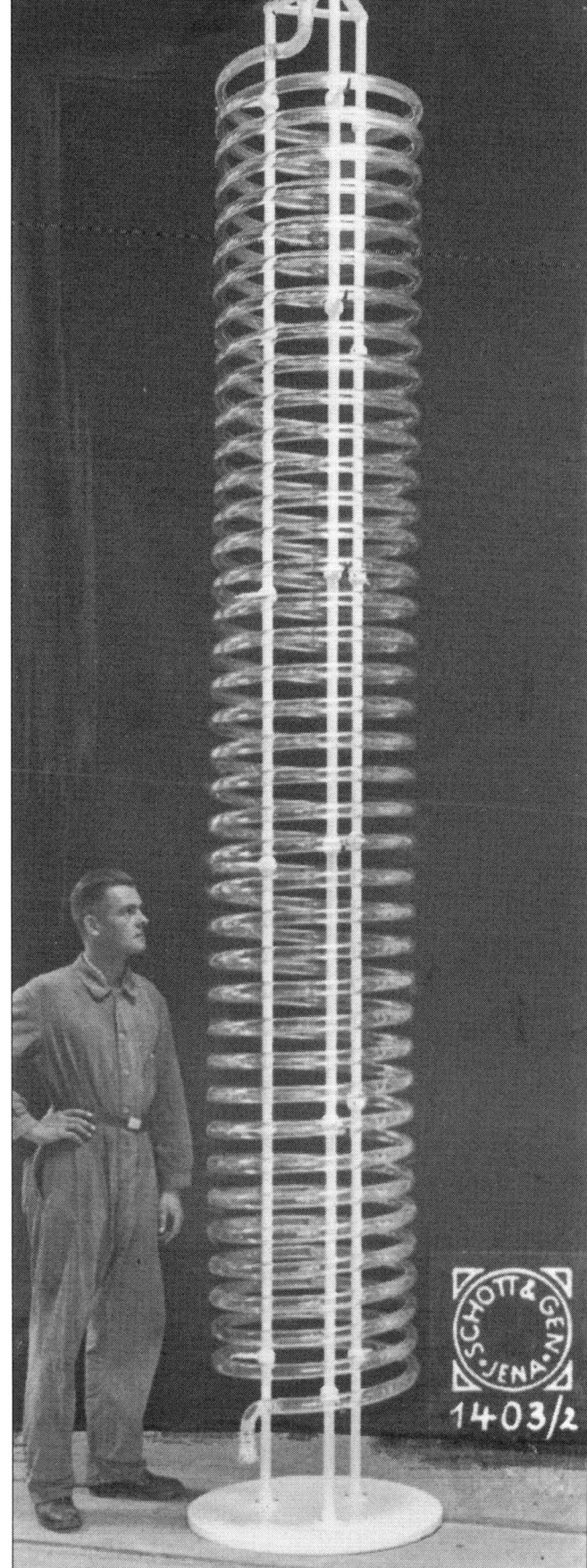

Hohes fachliches Können zeichnete die Glasbläser der „Tech" (Technische Anlagen) aus: Auf der Weltausstellung in Paris im Jahr 1937 präsentierten sie im deutschen Pavillon eine maschinell gewickelte Kühlschlange mit einer Gesamtrohrlänge von 65 Metern.

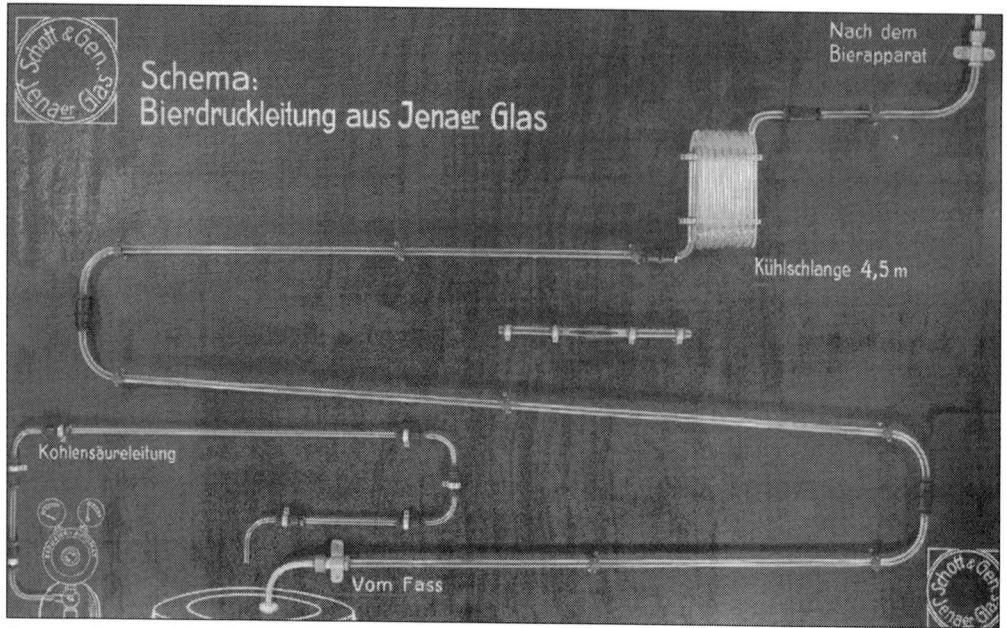

Bier aus Jenaer Glas: Der Pflege des edlen Gerstensaftes hatte man sich in der noch jungen, um 1930 gegründeten Abteilung „Tech" gewidmet; Foto 1936.

Die Fachleute der Abteilung „Tech" übernahmen – das Foto aus dem Jahr 1951 zeigt den Einbau einer Rohrleitung in der Tonnenmühle in Jena – sowohl Produktion als auch Montage des Leitungssystems.

Die Glasrohrleitung im Hotel „Zur Sonne" in Jena im Jahr 1940. Die Leitungen aus Schott Glas eigneten sich übrigens nicht nur für Bier, sondern auch für Milch.

Um die Versorgung des Jenaer Glaswerks mit dem aus Erz gewonnenen Antimonoxid zu sichern, wurde im Jahr 1949 auf dem Werksgelände von der Abteilung „Tech" eine gigantische Anlage zur Herstellung dieses Glasrohstoffes errichtet.

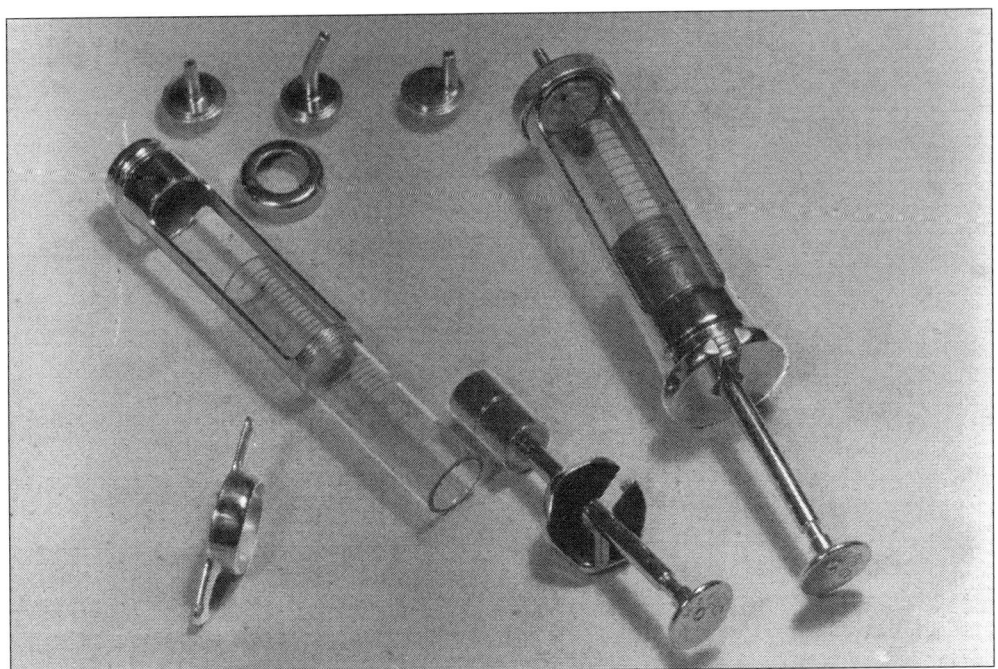

Glasrohre wurden in der um 1930 gegründeten Abteilung „Kapeg" (Küppers-Präzisions-Glasrohre) zu vielfältigen Produkten weiterverarbeitet. Die Einführung zerlegbarer, kalibrierter und zur Sterilisation geeigneter Injektionsspritzen aus Schott Glas erhöhte die Sicherheit für den Patienten; Foto 1937.

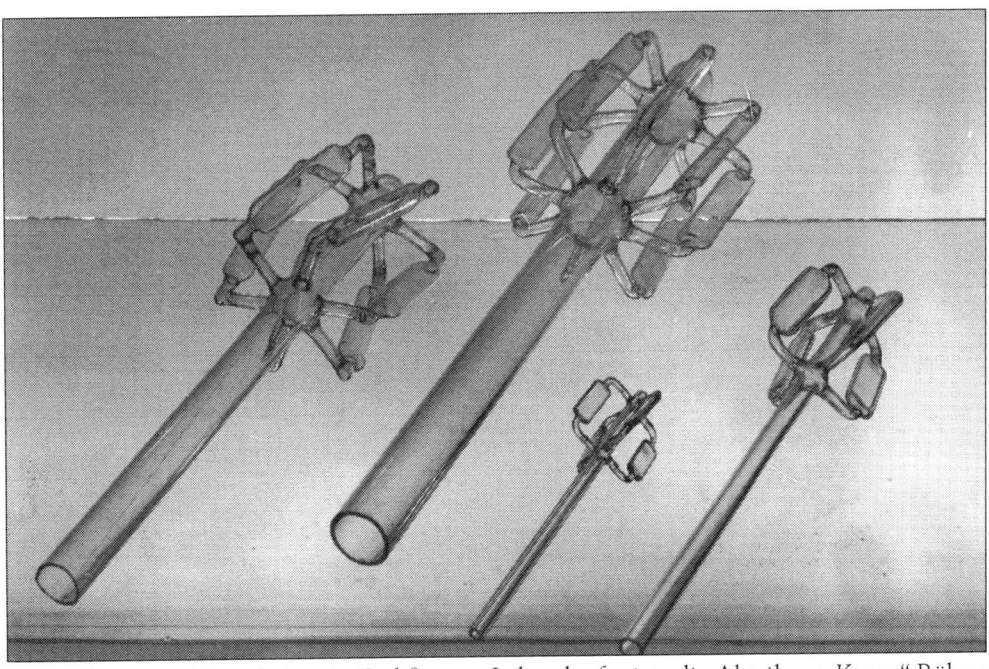

Zum Rühren von Flüssigkeiten in Gefäßen aus Laborglas fertigte die Abteilung „Kapeg" Rührer aus kalibrierten Glasrohren.

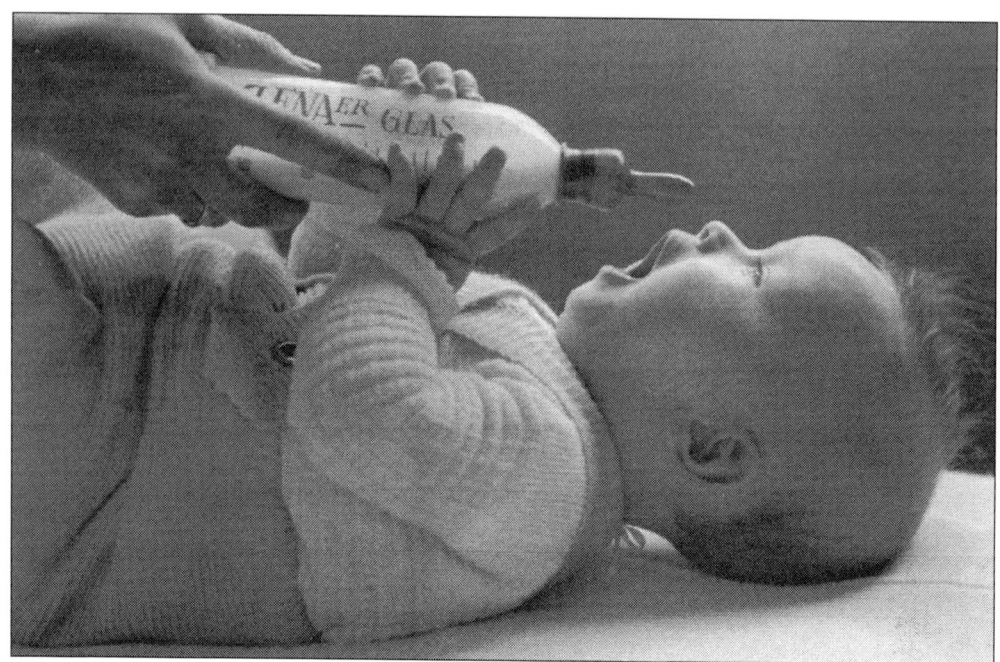

Das Baby schreit nicht nur zum Spaß, es will die Milch aus Jenaer Glas! – Eingängige Slogans aus der Werbeabteilung von Moholy-Nagy warben äußerst erfolgreich für die seit 1922 hergestellten Kindermilchflaschen aus hitzebeständigem Glas.

Arrangement um die Kindermilchflasche: Entwürfe Wilhelm Wagenfelds (Milchkrug und Untersetzer, um 1931) sowie Milchflasche, Sauger und Nährspeise, fotografiert vom Weimarer Fotograf Louis Held.

Werbung für hitzebeständige Kindermilchflaschen: Diese konnten auf der Gasflamme erwärmt werden, ohne zu zerspringen.

Halbe Arbeit –
doppelte Freude:

Einkochen
ohne Apparat

im feuerfesten Jena"
Durax-Glas direkt
über jeder Heizquelle

Bezug durch Fachgeschäfte. Wo nicht
erhältlich, Bezugsquellen-Nachweis und
Druckschriften unter Nummer A 14 durch

JENA" GLASWERK SCHOTT & GEN., JENA

Um 1920 begann das Unternehmen mit der Produktion von Einkochgläsern, die es der Hausfrau ermöglichten, Lebensmittel in großen Mengen auf einfache Weise haltbar zu machen.

Die Aufnahme aus dem Jahr 1936 zeigt Einkochgläser mit Früchten, die in der Backröhre sterilisiert wurden.

Diverse Jenaer Haushaltsgläser (Milchtopf, Brat- und Backschüsseln sowie Würzfleischförmchen) in einem modernen Küchenschrank des Bauhäuslers Erich Dieckmann, um 1930.

Erfolgreiche Werbung, die ihresgleichen sucht: Seit dem ersten Erscheinen Mitte der Dreißigerjahre erlebte das Kochbuch „Die Jenaer Glasküche" zahlreiche Auflagen und gehörte zeitweise
zum Inventar nahezu jedes deutschen Haushaltes.

Der gedeckte Tisch: Die Fotografie von Albert Renger-Patzsch zeigt Entwürfe Wilhelm Wagenfelds für das Jenaer Glaswerk Schott & Gen., Teller (1931) und Backschüsseln (1935).

Backschüsseln von Wilhelm Wagenfeld (1938/39). Sein Vorschlag, den Griff von der Mitte an die Seite des Deckels zu legen, bedeutete eine entscheidende Verbesserung, da die Schüsseln nun stapelbar waren und der Deckel als Schüssel genutzt werden konnte; Fotografie von Louis Held.

„Direkt vom Herd auf den Tisch." – Mit diesem Verkaufsargument gelang es, im Rahmen einer groß angelegten Werbekampagne (1934) die traditionelle Aufgabenteilung zwischen Porzellanschüssel und Metalltopf aufzuheben.

Die „Sintrax-Kaffeemaschine", um 1925 von Gerhard Marcks entworfen! Namhafte deutsche Designer verbesserten die „Sintrax" in den folgenden Jahren, unter ihnen Wilhelm Wagenfeld, der zu Beginn der Dreißigerjahre einen neuen Holzgriff entwarf; Fotografie von Moholy-Nagy.

Glaskrug und Eierkoch, Entwürfe von Wilhelm Wagenfeld (1931-1935). Das aufgeschlagene Ei wurde im Eierkoch gegart und anschließend mit süßen oder herzhaften Zutaten serviert.

So genannte „Dunsttöpfe": Auf einer Flamme kochte die gesamte Mahlzeit, bestehend aus Huhn, Schoten und Möhren sowie Misch-obst-Kompott.

Kakaokrug von Wilhelm Wagenfeld, 1933; Fotografie Louis Held.

Teetisch à la Wilhelm Wagenfeld: Teekanne, Teetassen und Sahnegießer des im Jahre 1931
entworfenen Services auf einem avantgardistischen Stahlrohrtisch; Fotografie von Louis Held.

Kasserollen; Fotografie von Louis Held.

Milchtopf und Untersetzer entwarf der Gestalter Wilhelm Wagenfeld zu Beginn seiner Tätig-
keit für das Jenaer Glaswerk Schott & Gen.; Fotografie von Louis Held.

Griesbrei mit Zucker und brauner Butter in „Jenaer Glas", ebenfalls fotografiert von Louis Held. Bei der Saucière im Hintergrund handelt es sich um einen Entwurf von Wilhelm Wagenfeld aus dem Jahr 1933.

Verschieden gestaltete Kaffeetassen aus unterschiedlichem Material, aus Klarglas und Roban-glas (Milchglas).

Zur Zubereitung von Mehlspeisen im heißen Wasserbad brachte das Unternehmen 1936 die praktische Puddingform auf den Markt; Fotografie von Louis Held.

Klassiker: Teegläser, Wasser- und Punschgläser der Marke „Jenaer Glas". Die Hitzebeständigkeit des Materials und die einfachen, klaren Formen bewähren sich seit Jahrzehnten; Fotografien von Louis Held.

4

Die Hütte

Das Werksgelände des Jenaer Glaswerks Schott & Gen. wurde von Anfang an durch Architektur geprägt. Jede Weiterentwicklung in der Glasforschung und industriellen Fertigung brachte auch eine Weiterentwicklung in Größe und Art des architektonischen Umfeldes hervor. Seit 1884 entstanden Bauten, welche die historische Entwicklung des Unternehmens nahezu lückenlos nachvollziehen lassen und sich auf dem Gelände zu einem lebendigen Organismus vermischen; Teilansicht vom Westbahnhof aus; Fotografie von Albert Renger-Patzsch, 1936.

Der Eingang zur Hütte. Bis Ende der Dreißigerjahre begrüßte das an der Otto-Schott-Straße gelegene einstöckige, in Ziegelbauweise errichtete Gebäude mit dem markanten Uhrturm Mitarbeiter und Besucher.

Mit dem Bau der Neuen Verwaltung (fertig gestellt 1940) veränderte sich auch das äußere Erscheinungsbild des Unternehmens. Die Fotografie aus dem Jahr 1941 zeigt den klar strukturierten und streng geometrisch gegliederten Neubau mit dem neuen gestalteten Mitteltor.

In den Jahren 1897/1907 entstand die Alte Verwaltung als repräsentativer Backsteinbau mit eindrucksvoll nach oben gezogenen Neorenaissancegiebeln. Dieses Gebäude war neben der Villa des Unternehmensgründers der erste mehrstöckige Bau des Unternehmens; Foto 1938.

Mit dem wirtschaftlichen Wachstum des Unternehmens in den Dreißiger- und Vierzigerjahren ging die Ausweitung der Büroflächen einher. 1936/37 begann der ausführende Architekt Bembé aus München mit dem Bau der Neuen Verwaltung, der Architekt Ernst Neufert trug Ideen für Raumaufteilung und Fassadengestaltung bei.

An der zentralen Werkstraße, die unmittelbar in das Werksgelände führt, reihten sich die zwischen 1894 und 1920 erbauten Schmelzhütten auf. Das 1934 entstandene Foto zeigt die drei Giebel der alten Optischen Hütte.

Blick auf die Werkstraße von Norden nach Süden. Nach 1935 mussten die kleineren Optischen Hütten einem großen Kopfbau (links) mit daran angelagerten Nebengebäuden aus Stahlbeton weichen; Fotografie von Ittenbach, 1957.

In der 1898 erbauten Gerätehütte (links, im Vordergrund) wurden vor allem Gläser zu Laborzwecken hergestellt, Fotografie um 1936. Das ab 1908 errichtete Handwerkerhaus (rechts) war ursprünglich für Maschinenbau und Schleiferei vorgesehen, später diente es der Unterbringung von Handwerkern, die ausschließlich für das Unternehmen arbeiteten.

Der Jenaer Fotograf Walter Kantowski hielt um 1900 das geschäftige Treiben auf der Werkstraße mit seiner Linse fest. Die Werkbahn transportierte alles, von der Kohle über die Rohstoffe bis hin zu den versandfertigen Produkten in Kisten.

Die Zil-Kuppel, ein Experimentalbau aus den Jahren 1923/24 entstand in Vorbereitung zum Bau des Jenaer Planetariums. Das von Walter Bauersfeld entworfene Fabrikgebäude war der zweite Spannbetonbau der Welt; Foto 1937.

In der 1890 errichteten Rohrhütte zogen Handrohrzieher in einem langen Gang Rohre von unterschiedlichem Durchmesser und Länge (bis zu 200 Meter). Ab 1923 übernahmen Maschinen diese schwere Arbeit; Außenansicht Ostseite 1937.

Im Jahr 1924 als Eisenbetonbau für die Abteilungen Kapeg und Majol (Ampullenherstellung) errichtet, beherbergt das dreistöckige Magazingebäude heute das Schott-Zeiss-Bildungszentrum gGmbH. Hinter den großen Toren im Erdgeschoss war bis zum Jahr 2000 die betriebseigene Feuerwehr untergebracht; Foto um 1937.

Innenaufnahme der Abteilung Kapeg: Hohe, lichtdurchflutete Arbeitsräume bestimmten den Gesamteindruck dieser modernen Produktionsstätte. Kurz nachdem die Aufnahme entstand, wurden für die Büros neue Möbel angeschafft; Foto 1938.

Infolge des Ausbaus der kriegswichtigen optischen Produktion musste die alte Optische Hütte nach 1935 einem lichtdurchfluteten, neuen Optikgebäude mit großem Kopfbau und drei angelagerten Nebengebäuden weichen; Foto 1938.

Im Optikneubau fand auch die Optische Versuchsschleiferei ein neues Domizil. Die Aufnahme aus dem Jahr 1940 zeigt einen Raum mit Poliermaschinen.

Kunst am Bau: Für die Treppenhäuser der 1936/37 errichteten Neuen Verwaltung schuf der Glasmaler Karl Knappe (1884-1970) farbige Fenster u.a. mit Motiven der Glasherstellung; Foto um 1940.

Treppen und Treppenhäuser weisen den Weg in die neu errichteten Produktionsgebäude. Glas, Stahl und Naturstein sind die vorherrschenden Materialien; Neue Optik (oben, unten rechts) und Magazingebäude (unten links), 1938.

Die Herstellung kleinster Durchführungen für die Elektroindustrie erforderte hohe feinmotorische Fähigkeiten. In diesem kriegswichtigen Produktionsbereich arbeiteten überwiegend Frauen; Foto um 1940.

In Werkstätten wie dieser wurde vor der Auslieferung an Zeiss zur eigenen Qualitätskontrolle eine Politur an die erschmolzenen optischen Gläser angebracht; Foto 1939.

Blick in das Lohnbüro im Jahr 1939. Hier wurden die Lohnabrechnungen für damals rund 2.700 Mitarbeiter bearbeitet.

Blick auf das Handwerkerhaus (Baujahr 1917/18) mit dem dahinter liegenden, zwischen 1890 und 1922/23 entstandenen Gebäudekomplex der Rohrhütte, im Hintergrund das spätere Jena-pharm-Gebäude.

Das markante Rohstofflager, direkt an der Bahnlinie Weimar–Gera gelegen, mit neun einstöckigen Schalendächern entstand nach 1920. Aufliegende Oberlichter und an die Rundbogen der Dächer angepasste Fenster ermöglichten maximalen Lichteinfall.

Für den Schmelzbetrieb wurde von Anfang an in den einzelnen Hütten aus Kohle mithilfe von Generatoren Gas erzeugt; Innenaufnahme eines Generators aus dem Jahr 1931.

Blick auf das Herzstück des Hüttenbetriebes: das Zentrum der Energieversorgung mit Kraftwerk,

Kühltürmen und Kohlenbunker (von links nach rechts); Foto aus den Dreißigerjahren.

Zur Wärmeversorgung der vielen kleinen Hüttenbetriebe errichtete man 1900 das erste Industrieheizkraftwerk weitab vom Gelände. Die kunstvolle, nicht auf die Funktion hindeutende Gestaltung der Fassade ist typisch für die Architektur dieser Zeit.

Im Jahr 1936 übernahm ein neuer Generator die zentrale Gasversorgung der Schmelzhütten. Der funktionale, streng gegliederte Industriebau wurde zu Beginn des Jahres 1947 auf Befehl der sowjetischen Militäradministration demontiert; Foto 1937.

Dieser imposante Gasometer, ein Gassammelbehälter, gehörte zum neu errichteten Generator.

Um den hohen Wasserbedarf des Werkes zu gewährleisten, wurde zwischen 1937 und 1939 eine Pumpstation errichtet, die Wasser aus der Saale in die Hochbehälter am Waldschlösschen pumpen und anschließend in das Brauchwassernetz einspeisen sollte; Foto 1939.

Das Jenaer Glaswerk gehörte neben Carl Zeiss zu den Hauptzielen alliierter Luftangriffe. Am 17. März 1945 wurde die Rohrhütte schwer getroffen.

Das Ende des Zweiten Weltkrieges hatte weit reichende Folgen für das Unternehmen. Zwischen Oktober 1946 und März 1947 mussten die Schottianer ihr Werk fast vollständig demontieren (oben) und für den Transport in die Sowjetunion in Kisten verpacken (unten).

Die im Jahr 1900 gegründete Stiftungswehr der beiden Betriebe Schott und Zeiss half auch bei Einsätzen in der Region. Anlässlich ihres 25-jährigen Jubiläums stellte sich die Abteilung Schott im Hof der alten Gründungshütte dem Fotografen.

Kohlen, Rohstoffe und versandfertige Produkte: Alles wurde auf dem hügeligen Gelände mit der elektrischen Werkbahn transportiert. Direkt an der Bahnlinie Weimar–Gera gelegen, verfügte das Unternehmen auch über einen eigenen Gleisanschluss. Das Foto zeigt einen alten Elektrozug; Foto 1936.

Da die elektrische Werkbahn auf dem Gleisanschluss der Reichsbahn nicht fahren konnte, wurde dort eine „Jung"-Diesel-Lokomotive eingesetzt, wie z.B. auf dem unteren Foto beim Transport von Kohlewaggons zum Kohlenbunker; Fotos 1937.

Das Werksgelände endete an der Mühlenstraße. Der in den Jahren 1936/37 errichtete imposante Treppenaufgang für Fußgänger ermöglichte den Werkszugang von Lichtenhain aus. Er existiert nicht mehr; Fotos 1937.

5

Soziale Verantwortung

Von Anfang an prägte soziale Verantwortung das Verhalten des Firmengründers und seiner Nachfolger gegenüber den Arbeitnehmern des Unternehmens. Im Jahre 1912 kaufte Otto Schott auf dem Jenaer Forst ein Gelände und stellte dieses dem Turnverein für einen Sportplatz – Otto-Schott-Platz – zur Verfügung. Die Anlage fand Zuspruch bei Alt und Jung, wie z.B. bei einer Gruppe von „Ferien-Genießern aus der Kefersteinstrasse".

Essen hält Leib und Seele zusammen: Arbeiter an der Essensausgabe der Kantine beim Einkauf ihres Frühstücks, zu dem auch der obligatorische „Glasmacher-Trunk" – ein leichtes Bier der Jenaer Brauerei – gehörte; Foto 1937.

Auf dem Werksgelände befanden sich zahlreiche soziale und sanitäre Einrichtungen, wie z.B. diese Selterswasser-Ausgabe. Das Foto entstand auf Wunsch eines „Referenten für Schönheit der Arbeit" im Jahr 1934.

Warmes Frühstück zu 30 Pfennig (links) und Mittagessen zu 60 Pfennig (rechts) wurden für die Arbeiter im Betrieb abgeholt; Fotos 1937.

Blick in einen Kantinenraum zur Zeit der Frühstückspause; Foto 1937.

Blick in die Küche, in der viele fleißige Hände für die Verpflegung der Mitarbeiter sorgten, sei es beim Kartoffelschälen (oben) oder beim Kochen im großen Kessel (unten); Fotos 1937.

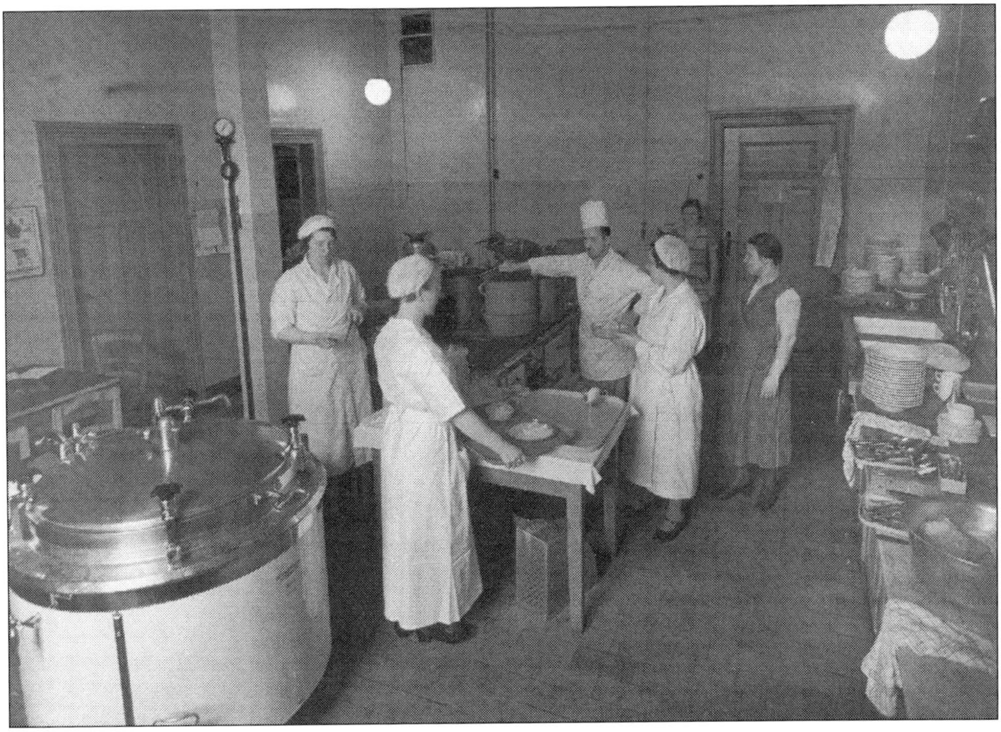

Um Arbeitsunfälle und akute Erkrankungen bemühten sich im Werk Sanitäter und Arzt in eigens dafür eingerichteten Räumen. Blick in das Behandlungszimmer des Betriebsarztes Dr. Küter 1948.

Röntgenuntersuchungen dienten zur Früherkennung der Lungen-Tuberkulose. Bis zur Entdeckung des Penicillins konnte diese weit verbreitete Infektionskrankheit nur durch langwierige Behandlungen geheilt werden. Die Aufnahme entstand 1941 auf dem Gelände des Jenaer Glaswerks Schott & Gen.

Atemwegserkrankungen waren in den oftmals zugigen Hütten keine Seltenheit. Inhalationen in betriebseigenen Einrichtungen, wie hier auf einem Foto aus dem Jahr 1954, konnten Linderung verschaffen.

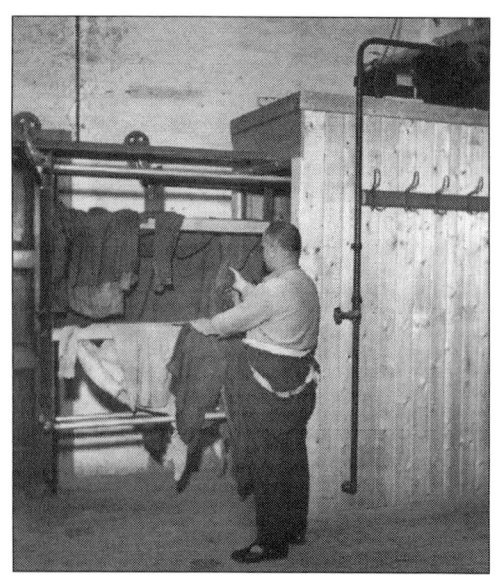

Beispiele für die zahlreichen Umkleide- und Waschräume auf dem Werksgelände. Verbesserungen sanitärer Anlagen waren beliebtes Motiv für „Vorher – Nachher"- Fotoserien; Fotos 1934.

Dem Ruf des Jenaer Glaswerks folgten viele junge Männer nach Jena. Um ihnen eine angemessene Unterbringung zu bieten, ließ Otto Schott im Jahr 1901 auf dem Werksgelände das Schlafhaus mit Schlaf-, Wasch- und Aufenthaltsräumen bauen; Blick in Schlafräume vor 1935 (oben) und nach einem Umbau 1936 (unten).

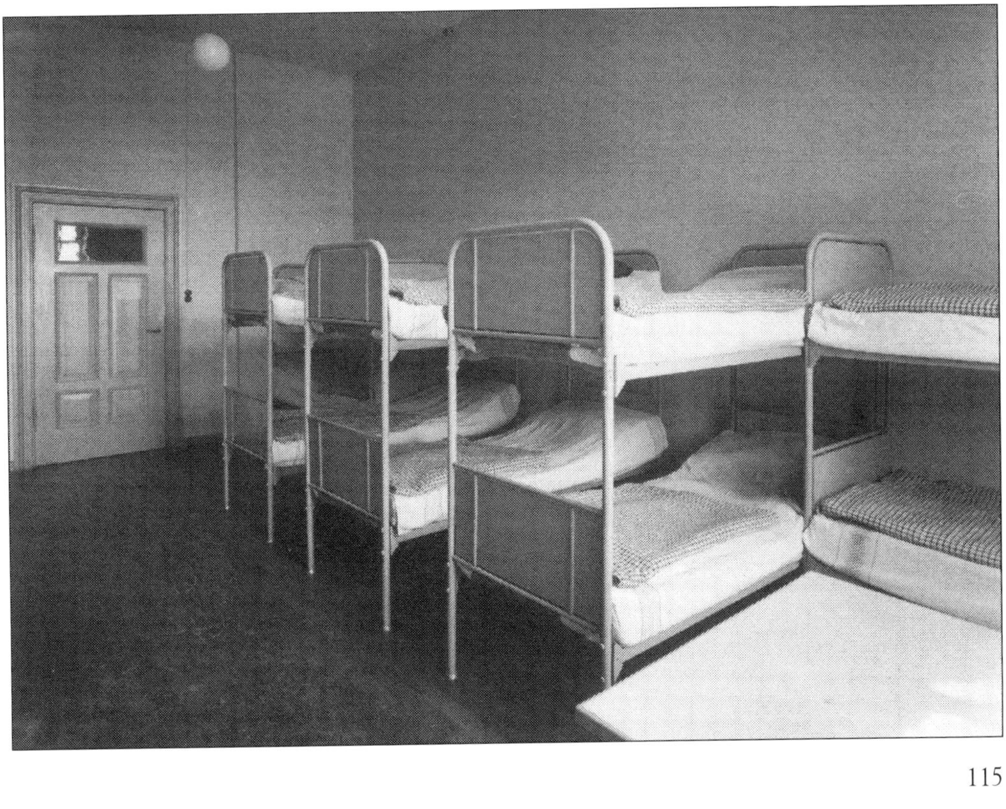

Seit den Zwanzigerjahren entstanden im Stadtgebiet Jenas viele neue Wohnhäuser und auch
ganze Siedlungen für die Arbeiter des Glaswerks. Im Jahr 1939 wurde die „Schottsiedlung am

Beutenberg" in der Hermann-Löns-Straße errichtet; Fotografie 1939.

Unterstützt durch Otto Schott gründeten Arbeiter des Werks im Jahr 1896 den Turnverein Glashütte, den heutigen SV Schott Jenaer Glas e.V. Das Foto zeigt die „Sieger im Sechs- und Dreikampf vom 18ten Gauturnfest in Blankenhain im Jahr 1904"; Fotografie von Alfred Jülich.

Der Turnverein nutzte den Otto-Schott-Platz sowohl zu Übungszwecken als auch für Turn- und Sportfeste, wie z.B. für das auf dem Foto festgehaltene Frauenturnen im Jahr 1917.

Musikbegeisterte Mitarbeiter des Glaswerks gründeten am 1. Oktober 1897 die Musikkapelle Glashütte, die sich in den folgenden Jahrzehnten zu einem großen Orchester entwickelte und noch heute als Blasorchester Schott Jenaer Glas e.V. besteht.

Zu den Höhepunkten in der Geschichte dieses Orchesters zählen u.a. Rundfunkübertragungen; hier eine Aufnahme aus dem Jahr 1937 mit dem Kapellmeister Paul Naumann. Zu diesem besonderen Anlass traten auch die Musiker mit Glasfanfaren auf.

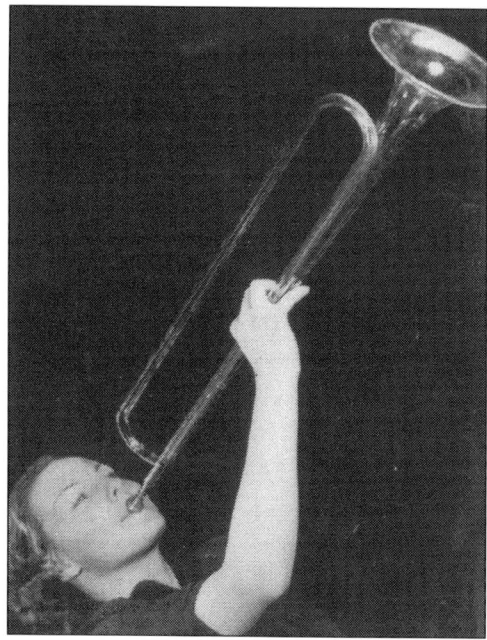

Erich Schott bringt seinem Vater ein Ständchen auf der Glasfanfare. Gläserne Musikinstrumente – Fanfaren, Xylofone und Glocken – waren auf Anregung des Dirigenten Paul Naumann im Jenaer Glaswerk aus technischem Glas hergestellt worden; Fotos 1935/37.

Für die gläsernen Musikinstrumente interessierte sich auch die UFA, die im Jahr 1937 Tonfilmaufnahmen von der Glaswerkkapelle machte. Paul Naumann an den Glasglocken und Heinz Geiling am Glasxylofon.

Feste feiern gehört bis auf den heutigen Tag zur Kultur des Glaswerks. So auch zum 50-jährigen Werksjubiläum am 1. September 1934, das aufwändig begangen wurde: Die festlich geschmückte Gründerhütte aus dem Jahr 1884 (Foto oben) und der Firmengründer Otto Schott inmitten der Festgesellschaft (Foto unten).

Zum Firmenjubiläum im Jahr 1934 erhielten die Mitarbeiter zusammen mit der eigens zu diesem Anlass erschienenen Festschrift eine Sonderzahlung.

Um die Attraktivität des Arbeitsplatzes im Jenaer Glaswerk zu erhöhen, entstanden Sportstätten, Bootshäuser und Wanderheime. Das hier abgebildete Wanderheim Helenenstein wurde 1933 in der Nähe der Gemeinde Ölknitz errichtet.

Zur Lebensmittelversorgung der Mitarbeiter während des Zweiten Weltkrieges bediente sich das Unternehmen auch ungewöhnlicher Mittel, wie z.B. der Anlage dieses Gemüselagers im abgebauten Sandstein auf dem Firmengelände; Foto 1942.

In der unmittelbaren Nachkriegszeit versorgte die Werksküche auch Kinder; dieses Foto entstand im Jahr 1948 auf dem Werksgelände.

Besondere Aufmerksamkeit schenkte das Unternehmen der Ausbildung und Betreuung jugend-licher Arbeiter; Fotografie aus dem Jahr 1934 mit Blick in die hauseigene Bastelwerkstatt.

Glasmacher trugen an den Schmelzöfen Holzschuhe zum Schutz gegen hohe Temperatur und Feuchtigkeit. Für die Reparatur der ungezählten Schuhpaare gab es eine eigene Schuhmacher-werkstatt mit acht Schuhmachern; Fotografie 1946.

1. Jahrgang   Heft 1   1. Januar 1920

Zum Geleit.

Geschäftsleitung und Ausschüsse begegneten sich vor Monaten in dem Wunsch, für das Glaswerk eine regelmäßig erscheinende Werkzeitung zu haben. Man war der Meinung, daß es nötig sei, mehr als bisher alle Werkangehörigen teilnehmen zu lassen an den Hoffnungen und Sorgen der Fabrik. Die neuzeitliche Fabrikorganisation mit ihrer ausgeprägten Arbeitsteilung bringt es mit sich, daß der einzelne Werkangehörige von allen Dingen, die nicht in sein Arbeitsgebiet fallen, nur wenig hört und sieht. Und doch hat jeder Mitarbeiter den Wunsch, und auch ein Recht darauf, als Glied des Ganzen, als eine für seinen Platz notwendige Persönlichkeit teilzunehmen am Leben und Schicksal des Unternehmens. An der Erfüllung dieses Wunsches mitzuwirken, die freudige Mitarbeit aller am gemeinsamen Ganzen zu fördern, dem sie ihre Arbeitskraft widmen, mit dem sie ihr eigenes Lebensschicksal verknüpft haben, soll die vornehmste Aufgabe dieser Werkzeitung sein.

Das letzte Jahr war ein bedeutsames in der Geschichte unseres Werkes. Die Umstellung von der Kriegs- auf die Friedenswirtschaft, die verstärkte Wiederaufnahme der Erzeugung von Geräte- und Zylinderglas, die Wiedereroberung unserer alten Absatzmärkte stellten uns vor große neue Aufgaben. — Am 1. April 1919 ging das Glaswerk in den Alleinbesitz der Carl Zeiß-Stiftung über, die bis dahin zur Hälfte Mitbesitzerin gewesen war. — Im Laufe des letzten Jahres wurden den Arbeiter- und Angestelltenausschüssen eine Reihe von Rechten eingeräumt, um in wichtigen Fragen des Betriebes mitzuwirken. — Die bevorstehende Einführung des Gesetzes über Betriebsräte ferner wird allen Geschäftsangehörigen die Möglichkeit geben, die Verwaltung unseres Unternehmens stark zu beeinflussen. — Die neu verliehenen Rechte legen den Werkangehörigen aber auch Pflichten auf, Pflichten, die die Kenntnis und das Verständnis für die technischen und wirtschaftlichen Dinge voraussetzen. Die Dinge, wie sie sind, nur Tatsachen, können im wirtschaftlichen Leben leiten. Die Kenntnis

Die „Werkzeitung Schott & Gen. Jena" als „Brücke zwischen Geschäftsleitung und Werkangehörigen" erschien erstmals am 1. Januar 1920. In gleicher Aufmachung hatte der Schwesterbetrieb Carl Zeiss bereits wenige Monate zuvor eine Werkzeitschrift herausgegeben. Eine Mitarbeiterzeitung existiert bis auf den heutigen Tag.

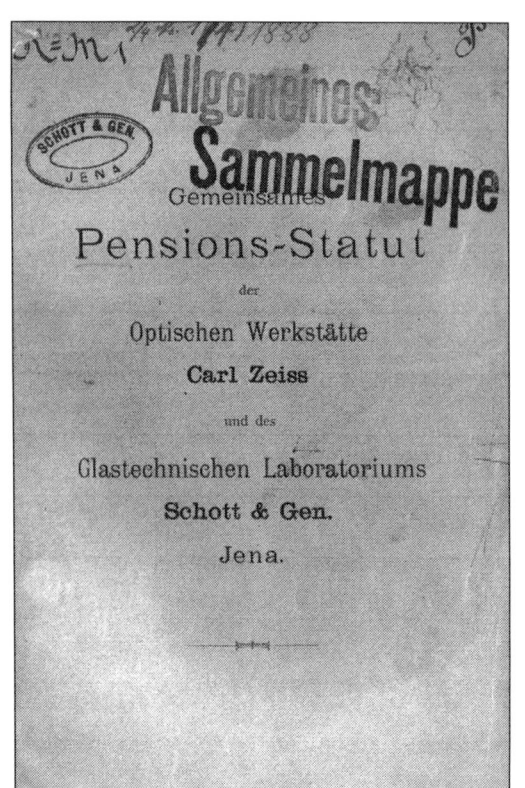

Ernst Abbe errichtete im Jahr 1889 die Carl-Zeiss-Stiftung, an die er 1891 seine Anteile an den Unternehmen Zeiss und Schott abtrat. Das von ihm erarbeitete Statut regelte umfassend die Verwaltung der Stiftungsbetriebe.

Die umfassenden Bestimmungen für die Arbeiter und Angestellten gelten bis auf den heutigen Tag als herausragendes Beispiel unternehmerischer sozialer Verantwortung; Titel des 1896 erstmals herausgegebenen Statuts (unten), Titel des bereits 1888 erschienenen Pensionsstatuts (oben).

Zum Gedenken an den bedeutenden Gelehrten, Techniker und Sozialreformer Ernst Abbe entwarf der Künstler Henri van de Velde für den Platz vor dem Volkshaus ein tempelartiges Denkmal, das die von Max Klinger geschaffene Büste aufnahm.

Die Heimat entdecken!

Von Kiel bis Wien,
von Aachen bis Görlitz:
Entdecken Sie Alltagsgeschichten
aus Ihrer Heimatstadt!

Leben in der Großstadt …

Tauchen Sie ein in das quirlige Großstadtleben vergangener Tage. Spazieren Sie über breite Boulevards und stürzen Sie sich ins Nachtleben. Erkunden Sie ihre Stadt durch die Fensterscheiben einer Straßenbahn oder des ersten Käfers und bewundern Sie prächtig geschmückte Schaufenster.

... und ländliche Idylle

Wie sah das Leben in Ihrer Heimat aus, als die Bauern noch mit Pferden pflügten und jedes Dorf seinen eigenen Schmied hatte, jeder noch jeden kannte und das Leben sich zwischen Kirche, Wirtshaus und Wohnküche abspielte?

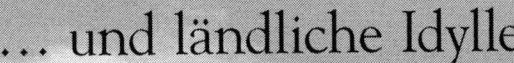

Erinnerungen an die Schulzeit …

Erinnern Sie sich noch an die Zeiten von Abakus und Schiefertafel, an Klassenausflüge oder den ersten Taschenrechner? Blicken Sie zurück auf große Klassen und gestrenge Schulmeister, entdecken Sie auf Klassenfotos Freunde und Bekannte von früher!

... und das Arbeitsleben

Entdecken Sie, wie sich das Arbeitsleben in den letzten hundert Jahren verändert hat. Werfen Sie einen Blick in Fabrikhallen, blicken Sie Handwerksmeistern bei ihrer Arbeit über die Schulter und erinnern Sie sich an den Einkauf im Tante-Emma-Laden.

Gesellige Stunden im Verein …

Fußballclub und Schützenverein, Musikkapelle und Gesellenverein: Schauen Sie zurück auf Volksfeste und Turniere, Chorproben oder Prunksitzungen. Erinnern Sie sich an schöne Stunden und das gesellschaftliche Leben in Ihrer Heimat.

… und im Familienkreis

Werfen Sie einen Blick in die Wohnzimmer vergangener Tage und entdecken Sie, wie sich zwischen schweren Eichenmöbeln, Nierentischen und Ikea-Regalen der Alltag verändert hat. Erleben Sie Familienfeiern und Weihnachtsfeste im Wandel der Jahrzehnte mit.

Alltagsgeschichte in historischen Fotos zu über 1000 Regionen, Städten und Gemeinden

Bestellen Sie jetzt
Ihr persönliches Exemplar auf

www.suttonverlag.de